8º Z
LE SENNE
13.045

L'ORGUE DE CHŒUR
DE
NOTRE-DAME DE PARIS

RESTAURÉ ET TRANSFORMÉ

D'APRÈS LE NOUVEAU SYSTÈME ÉLECTRO-PNEUMATIQUE

PAR

MM. MERKLIN ET Cie

Facteurs d'orgues à Paris et à Lyon.

RAPPORT DE LA COMMISSION D'EXPERTISE

PRÉSENTÉ

A SON ÉMINENCE LE CARDINAL RICHARD, ARCHEVÊQUE DE PARIS

ET A MM. LES MEMBRES

DU CHAPITRE MÉTROPOLITAIN

PARIS
DE SOYE ET FILS, IMPRIMEURS
18, RUE DES FOSSÉS-SAINT-JACQUES, 18
—
1890

L'ORGUE DE CHŒUR

DE

NOTRE-DAME DE PARIS

RESTAURÉ ET TRANSFORMÉ

D'APRÈS LE NOUVEAU SYSTÈME ÉLECTRO-PNEUMATIQUE

PAR

MM. MERKLIN ET Cie

Facteurs d'orgues à Paris et à Lyon.

RAPPORT DE LA COMMISSION D'EXPERTISE

PRÉSENTÉ

A SON ÉMINENCE LE CARDINAL RICHARD, ARCHEVÊQUE DE PARIS

ET A MM. LES MEMBRES

DU CHAPITRE MÉTROPOLITAIN

PARIS

DE SOYE ET FILS, IMPRIMEURS

18, RUE DES FOSSÉS-SAINT-JACQUES, 18

1890

LETTRE

DE

M. LE SECRÉTAIRE RAPPORTEUR DE LA COMMISSION D'EXPERTISE

A SON ÉMINENCE

LE CARDINAL RICHARD

ARCHEVÊQUE DE PARIS

ÉMINENCE,

J'ai l'honneur de Vous soumettre le Rapport ou Procès-Verbal de la Commission d'expertise, chargée d'examiner les travaux de restauration et de transformation exécutés à l'orgue de chœur de Notre-Dame, par la maison Merklin et Ce de Paris et Lyon.

Sur Votre désir, Éminence, la Commission, composée d'artistes éminents et de savants distingués, s'est réunie le vendredi 6 juin, à 3 heures de l'après-midi, dans l'une des sacristies, puis dans le chœur même de la Métropole.

Après lecture faite du devis et du contrat passés entre Vous et la maison Merklin, on a procédé à l'audition et à l'examen dudit instrument.

Cette audition et cet examen ont été aussi satisfaisants que possible; et, tout en félicitant les facteurs de leur travail aussi intelligent que consciencieux, MM. les Membres de la Commission Vous remercient, Éminence, d'avoir bien voulu doter cet instrument, déjà déclaré de facture supérieure, d'un nouveau système qui, de l'aveu de tous, constitue le plus grand perfectionnement réalisé jusqu'à ce jour dans la facture moderne.

Heureux d'être auprès de Vous l'interprète de pareils sentiments,

Daigne Votre Éminence recevoir la nouvelle assurance du plus profond respect et du plus filial dévouement, avec laquelle j'ai l'honneur d'être,

De Votre Éminence,

le très humble, très respectueux, et très dévoué en Notre-Seigneur.

L'ABBÉ C. GEISPITZ,
Maître de Chapelle de Notre-Dame,
Secrétaire Rapporteur.

Paris, le 8 juillet 1890.

LA COMMISSION D'EXPERTISE
DE
L'ORGUE DE CHŒUR DE NOTRE-DAME DE PARIS

ÉTAIT COMPOSÉE DE :

M. l'abbé BERGÈS, chanoine titulaire, archiprêtre de Notre-Dame;

M. l'abbé de BONNIOT, chanoine titulaire, maître de chant;

ET DE :

Messieurs

WOLF, membre de l'Institut, président;

Le Général PARMENTIER, musicien et compositeur;

CARPENTIER, ingénieur électricien;

RAULINE, architecte du Sacré-Cœur (Montmartre);

César FRANCK, organiste du grand orgue de Sainte-Clotilde; professeur d'orgue au Conservatoire national de Musique;

DALLIER, organiste du grand orgue de Saint-Eustache;

Samuel ROUSSEAU, maître de chapelle de Sainte-Clotilde, prix de Rome;

L'abbé DELAAGE, directeur de la Maîtrise métropolitaine;

SERGENT, organiste du grand orgue de Notre-Dame;

Salmon de MAISON-ROUGE, organiste de Saint-Martin de Tours;

GODINEZ, organiste de la cathédrale de Guadalajara (Mexique);

WINTZWEILLER, organiste accompagnateur de Notre-Dame;

MANGEOT, directeur du *Monde Musical;*

L'abbé GEISPITZ, maître de chapelle de Notre-Dame, secrétaire rapporteur.

RAPPORT

DE LA COMMISSION D'EXPERTISE

PRÉSENTÉ

A SON ÉMINENCE LE CARDINAL RICHARD, ARCHEVÊQUE DE PARIS

ET A MM. LES MEMBRES

DU CHAPITRE MÉTROPOLITAIN

———✳———

Tous les arts ont leur place dans l'Eglise; et tous, sous des formes variées et dans un langage différent, concourent à la beauté du culte. Le sentiment religieux leur a donné à tous une mission divine. Mais à l'orgue revient de droit la place d'honneur. Organe du christianisme dont il est chargé d'exprimer les croyances et les sentiments, il devient aussi la grande voix de l'Eglise catholique et « comme l'écho d'un monde invisible qu'elle représente symboliquement ». Aucun instrument ne se prête aussi bien que lui à l'exécution et à l'accompagnement du chant liturgique et des mélodies sacrées. Et dès le douzième siècle, nous le voyons employé à ce double office.

Si nous voulons savoir l'origine de l'orgue de chœur de Notre-Dame, il nous faut remonter à 1863, c'est-à-dire, un an avant la consécration de cette même église. Notre-Dame alors sortait de sa restauration toute brillante de jeunesse et de beauté, « comme une épouse qui est parée de toutes ses pierreries ».

L'établissement d'un orgue dans le chœur de Notre-Dame

était d'autant plus difficile que tout, dans le plan de restauration, semblait s'y opposer. L'application de l'électricité aux grandes orgues, à cette époque, était encore inconnue. Aujourd'hui, et grâce à cette même application, toutes ces difficultés d'emplacement ont disparu; et il n'est plus de disposition architecturale, ni d'espace si restreint, qui puisse s'y opposer. L'orgue de chœur de Sainte-Clotilde, à Paris, en devient pour nous la preuve la plus certaine.

Il eût été regrettable de supprimer ou même de modifier quelqu'une de ces magnifiques boiseries, véritables chefs-d'œuvre du dix-septième siècle, et qui rappellent les noms des plus habiles sculpteurs de cette époque. Tout en respectant les lignes architectoniques avec les ornements et les figures qui décorent la clôture extérieure du chœur, il fallait aussi conserver l'aspect imposant et magistral de sa décoration intérieure.

Une autre difficulté restait à résoudre : celle-là regarde la partie purement artistique. Il importait de ne pas convertir en une audition fatigante un accompagnement destiné à soutenir les chants. Enfin, dans presque tous les chœurs des églises, les personnes placées dans le voisinage de l'orgue sont généralement troublées par le bruit du mécanisme et par la sonorité des tuyaux à anches qui, trop rapprochée, devient inégale et fort désagréable à entendre.

A Notre-Dame, rien de tout cela. Toutes ces difficultés ont été habilement vaincues. Le rapport d'expertise, adressé à MM. les Membres du Chapitre Métropolitain et approuvé par eux (22 juin et 18 juillet 1863), l'a hautement constaté, et dans les termes les plus élogieux pour le facteur.

Enfermée tout entière entre la boiserie intérieure et le mur extérieur du chœur, toute la partie mécanique et instrumentale de l'orgue serait comme invisible, si un élégant buffet, placé au-dessus de cette même boiserie et remplissant la partie supérieure de l'ogive, ne révélait aux regards du visiteur l'existence de l'instrument.

Les deux claviers à mains, le clavier de pédales, les regis-

Fig. A

ORGUE DE CHŒUR DE NOTRE-DAME DE PARIS
Transformé en Orgue électrique par la Maison MERKLIN et Cie en 1890.
Plan de façade du Buffet.

tres et les pédales de combinaisons et d'accouplements, en un mot, tout ce qui sert à l'exécution, est placé sur une console, vers le milieu du chœur, à gauche, et un peu en avant du premier rang des stalles (*Fig. A*).

Pour les autres difficultés qui relèvent de la partie purement artistique, plusieurs moyens ont été habilement employés. On a donné aux jeux graves de l'orgue une certaine prédominance sur les jeux aigus, et l'on a prolongé la basse du clavier du récit jusqu'à la note la plus grave du grand orgue. Cette ingénieuse combinaison, disons-le en passant, établit d'une manière évidente la supériorité de cet orgue.

Quant au trouble qui pouvait naître de la trop grande proximité du mécanisme et de la partie harmonique de l'orgue, la place qu'occupe le buffet qui les renferme tous deux, empêche l'audition trop immédiate des jeux d'anches, éloigne le bruit du mécanisme, et les ondes sonores se répandent dans le chœur et jusque dans les profondeurs de l'Eglise, sans secousses et sans dureté.

L'orgue de chœur de Notre-Dame de Paris est un seize pieds complet, réparti sur deux claviers à mains, grand orgue et récit, et sur un clavier de pédales, avec accouplements et combinaisons. Dix-sept registres répartissent l'harmonie générale sur les deux claviers manuels et sur le pédalier. (*Voir la composition ci-contre.*)

Sorti des ateliers de la maison Merklin, l'orgue de chœur de Notre-Dame a toujours été regardé comme un instrument modèle et de facture supérieure. (*Rapport du 22 juin* 1863.)

En même temps que l'élégance de son buffet attire les regards des nombreux visiteurs, son harmonie à la fois douce et puissante, l'ampleur et le moelleux de ses jeux de fond excitent chez tous la plus grande et la plus légitime admiration.

Vous êtes entré déjà dans cette vieille basilique de Notre-Dame de Paris. C'est l'heure des vêpres ; l'heure de la prière ! les accents de l'orgue accompagnant le chœur se mêlent avec

COMPOSITION
DE L'ORGUE DE CHŒUR DE NOTRE-DAME DE PARIS

RESTAURÉ ET TRANSFORMÉ
D'APRÈS LE NOUVEAU SYSTÈME ÉLECTRO-PNEUMATIQUE
PAR MM. MERKLIN ET Cie, EN 1890

1° Clavier grand orgue.

1° Montre.	8 p.	54	notes.
2° Bourdon.	8 p.	54	—
3° Salicional.	8 p.	54	—
4° Viola di Gamba.	8 p.	54	—
5° Prestant.	4 p.	54	—
6° Flûte harmonique.	4 p.	54	—
7° Bourdon.	16 p.	54	—
8° Octavin.	2 p.	54	—

Jeux de combinaisons.

9° Trompette harmonique.	8 p.	54	—
10° Clairon.	4 p.	54	—

2° Clavier expressif.

1° Gambe.	8 p.	54	—
2° Voix céleste.	8 p.	42	—
3° Flûte octaviante.	4 p.	54	—
4° Bourdon.	8 p.	54	—

Jeux de combinaisons.

5° Clarinette.	8 p.	54	—
6° Basson-hautbois	8 p.	54	—

3° Clavier pédales séparées.

Soubasse.	16 p.	27	—
Total.		17 jeux.	

Pédales d'accouplements et de combinaisons.

1° Pédale de combinaisons électriques.
2° — réunissant le clavier grand orgue au pédalier.
3° — — — récit —
4° — — — — au grand orgue à l'unisson.
5° — — — — — à l'octave grave.
6° — d'introduction des jeux de combinaison du grand orgue.
7° — — — — du récit.
8° — de trémolo.
9° — d'expression.

Série de 8 boutons de combinaisons électriques.

l'encens dans le vaste vaisseau et semblent porter au ciel la prière des prêtres et celle des fidèles. Puis, c'est la voix des enfants : ils chantent, ces anges de la terre, l'*In Manus*, le chant du soir, le chant d'un autre soir qui n'aura pas de lendemain! mais, bientôt leur voix expire avec leur dernière prière : *Custodi nos. Domine...* et avec elle aussi expirent les derniers accents de l'orgue. Quelle poésie et quelle piété! L'Église catholique seule est capable d'aussi grandes choses.

— Mais le temps use tout, même les orgues. L'usage journalier de cet instrument depuis bientôt vingt-sept ans en avait nécessairement fatigué le mécanisme; et, par suite, une restauration devenait indispensable.

Son Em. le cardinal Richard, archevêque de Paris, d'après une décision prise par le Conseil de Fabrique de la Métropole confiait, il y a quelques mois, à MM. Merklin et Ce la restauration de cet orgue, avec application du système électro-pneumatique Schmœle et Mols, dont elle a seule le privilège et qui constitue le plus grand perfectionnement réalisé dans la facture moderne.

A la beauté harmonique de l'instrument allait donc se joindre un élément nouveau et souverainement précieux; et qui, tout en abrégeant considérablement le mécanisme, en assurait le rapide et parfait fonctionnement.

L'application de ce système était d'autant plus nécessaire ici que la distance qui sépare les claviers de la partie mécanique et instrumentale de l'orgue est relativement considérable.

Cette décision, en même temps qu'elle honore la maison Merklin et Ce, donne à son système, déjà hautement récompensé à l'Exposition universelle de 1889, une nouvelle et plus solennelle consécration. Notre-Dame est le monument français par excellence; le souvenir de nos gloires nationales y est tout entier. Le pays s'y retrouve avec ses traditions et son histoire; et tant que le nom de la France aura le privilège de charmer le monde, on ne séparera jamais de sa

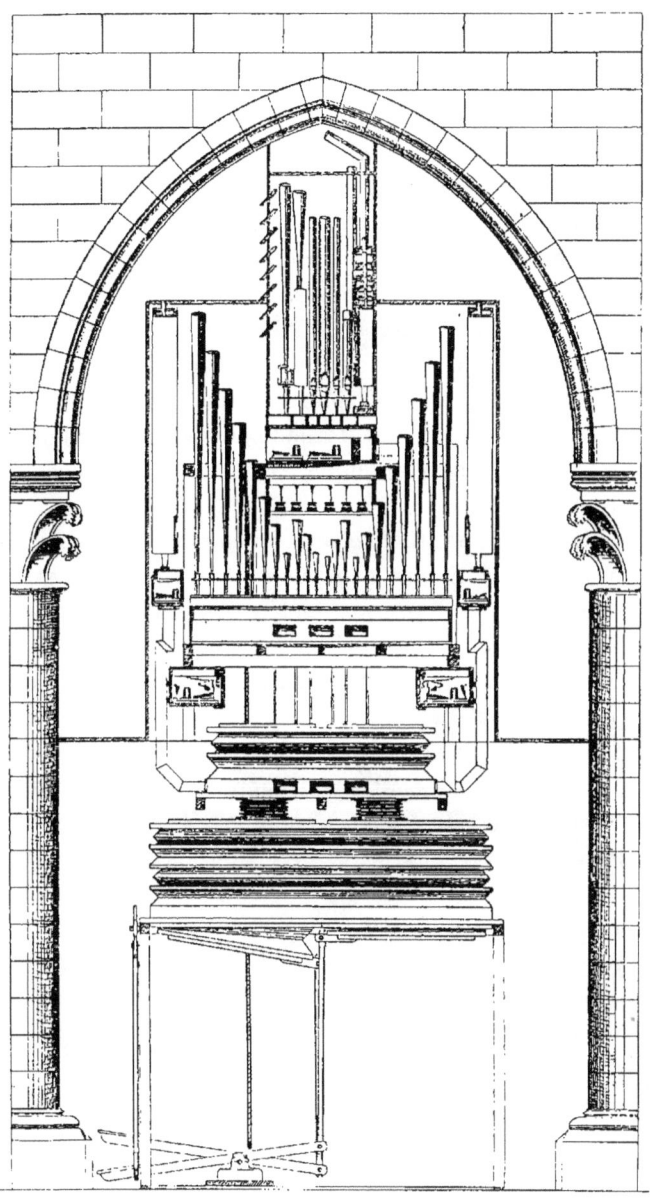

ORGUE DE CHŒUR DE NOTRE-DAME DE PARIS

Transformé en Orgue électrique par la Maison MERKLIN et Cie en 1890.

Élévation générale des dispositions de l'instrument.

gloire et de sa célébrité le grand, le saint et le cher nom de Notre-Dame de Paris.

Nous n'avons plus à faire ici l'historique de ce système aussi simple qu'ingénieux et qui, tout en élargissant l'horizon, marque certainement les débuts d'une ère nouvelle pour la facture des grandes orgues. Qu'il nous suffise de rappeler les noms de J. B. Laborde, ce prêtre du Nivernais, qui, il y a plus d'un siècle, conçut le premier l'idée de l'application de l'électricité aux instruments à clavier; Barker, le célèbre inventeur du levier pneumatique; et, de nos jours, MM. Schmoele et Mols, de Philadelphie, les inventeurs de l'électro-pneumatique appliqué, avec tant de succès, par MM. Merklin et Cⁱᵉ.

L'application du système électro-pneumatique aux grandes orgues n'est rien moins que merveilleuse, et ce n'est pas sans une certaine admiration mêlée de reconnaissance que nous en recueillons les différents avantages, soit pour la facture elle-même des orgues, soit pour l'exécution de la musique religieuse.

Trois mots les résument tous : Simplicité, Rapidité, Sécurité. — Simplicité dans la transmission des mouvements, des claviers et des registres à leurs sommiers respectifs; rapidité dans le tirage des registres, et précision absolue de tous les mouvements; instantanéité dans l'attaque des notes et dans l'émission des sons; plus grande solidité et par conséquent aussi plus grande sécurité; suppression complète de la majeure partie des causes de variations et de dérangements. Enfin ce système électro-pneumatique offre, sur tous ceux qui ont été essayés antérieurement et dans le même ordre d'idées, une supériorité incontestable : une pile composée de quelques éléments suffit à fournir la force électro-motrice nécessaire.

Dans les orgues ordinaires, tout le monde le sait, les relations entre les claviers et les tubes sonores s'établissent au moyen d'un mécanisme qui, malgré l'excellence de son exécution, apporte toujours dans ses mouvements une certaine irrégularité, et subit fatalement l'influence fâcheuse de la tem-

Fig. B

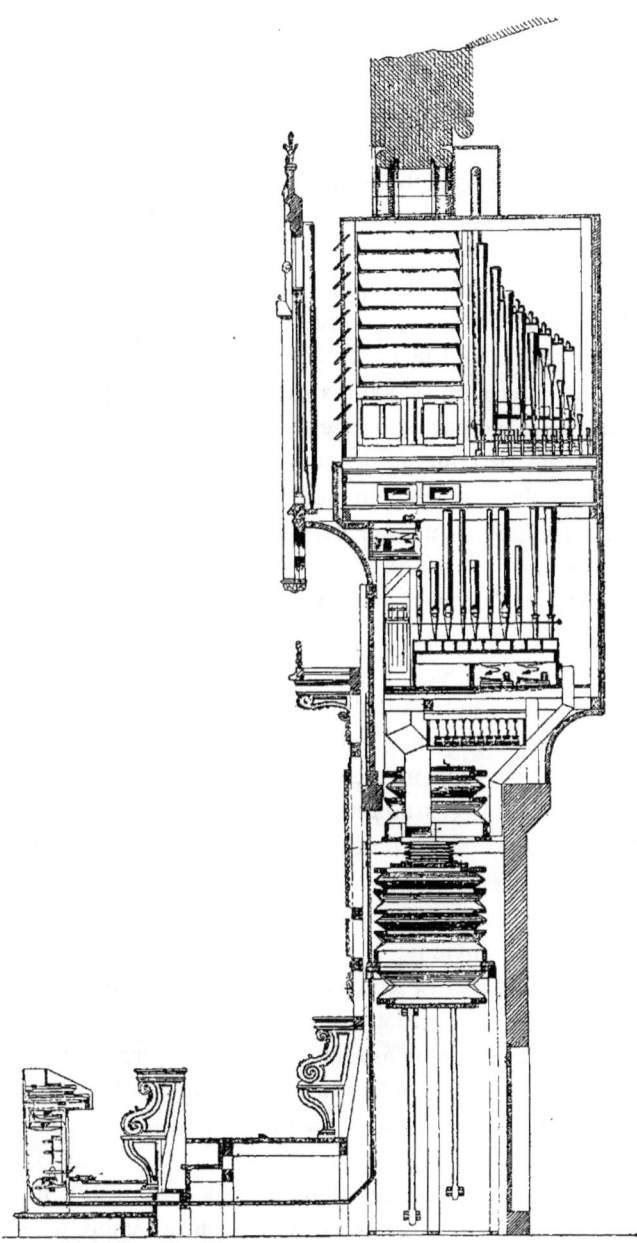

ORGUE DE CHŒUR DE NOTRE-DAME DE PARIS
Transformé en Orgue électrique par la Maison MERKLIN et Cie en 1890.
Coupe verticale du corps de l'instrument et de la console des claviers.

pérature et de l'état hygrométrique de l'air, souvent même au moment où l'instrument devient le plus nécessaire.

Tout cet attirail si délicat et si compliqué disparait avec l'organe électro-pneumatique : donc, plus de ces longues vergettes, de ces équerres et de ces pilotes qui encombrent la partie mécanique. Un simple fil de cuivre partant de la touche du clavier pour aboutir au petit moteur électro-pneumatique placé dans la laye du sommier qui porte les tuyaux sonores, voilà tout le mécanisme ; pouvait-on rêver quelque chose de plus simple, j'allais dire, de plus naïf ! Le courant électrique lancé par la touche du clavier fait soulever l'armature de l'électro-aimant et, immédiatement, l'entrée de l'air à l'intérieur de la poche du petit moteur est supprimé, celui qui la gonflait s'échappe dans l'air ambiant et le soufflet, cédant sous l'action du vent, entraîne avec lui la soupape introduisant l'air dans le tuyau. J'ajouterai : que de causes d'accidents supprimées et quelle facilité d'accès pour l'accord et le nettoyage (*Fig. B.*).

Parlerai-je maintenant des boutons électriques ou boutons de combinaisons placés au-dessous de chacun des claviers manuels et aussi sensibles que ceux des sonnettes électriques ! A l'aide de ces auxiliaires précieux, l'organiste peut, à volonté et sans hésitation aucune, parcourir graduellement l'échelle du *crescendo* et du *decrescendo*, ou bien obtenir du premier coup, et sans transition, le degré de force ou de douceur qui lui convient ; et cela, sans qu'il lui soit besoin de quitter les mains du clavier. Cet avantage, inconnu à tout autre système, si perfectionné qu'il soit, rend beaucoup plus facile et beaucoup plus agréable le rôle de l'organiste dans sa double mission d'exécutant ou d'accompagnateur, et assure à l'auditoire une musique beaucoup plus variée et beaucoup mieux rendue.

Ces différents effets des boutons électriques, qui ne s'imposent en rien au talent de l'organiste ni au choix personnel de ses jeux, nous les retrouvons réalisés sur l'orgue de chœur de Notre-Dame :

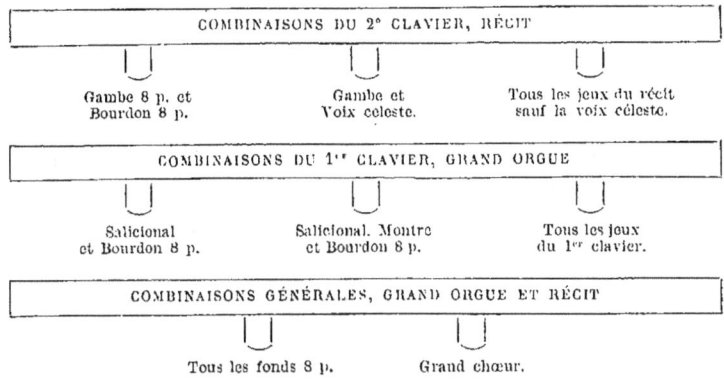

NOTA. — *La pédale des combinaisons doit toujours être décrochée pour permettre l'usage des boutons électriques.*

Un autre avantage non moins précieux du nouveau système et qui est aussi en sa faveur, c'est que, tout en étant en communication avec l'orgue du chœur (là où cette communication existe) l'orgue de tribune, ou grand orgue, conserve son indépendance, offrant à l'organiste toutes les ressources de son mécanisme et toute la puissance de ses harmonies.

Comme tout progrès nouveau, les orgues électriques ont rencontré, à leur début, bon nombre d'adversaires et de détracteurs. Les uns, par ignorance, les autres de parti-pris, ont mis en doute, nié même les avantages réels de ce système. D'après eux, les courants établis peuvent subir certaines altérations, certaines intermittences, et amener des troubles sérieux dans la marche régulière de l'instrument.

De plus, un léger retard existe dans l'émission des sons; et ce retard peut être très gênant pour l'organiste qui n'a pas le son sous les doigts dans l'accompagnement d'un chant ou dans l'exécution d'un morceau.

A toutes ces objections, et à d'autres encore, la science a répondu pour nous... Quant à ce retard, supposé qu'il existe, il ne provient nullement de la transmission électrique qui est instantanée, mais bien de la distance que parcourent les ondes sonores pour arriver jusqu'à nous. Quoi qu'il en soit, ce retard, imperceptible aux oreilles les mieux exercées, ne peut nuire en rien à l'exécution.

Le système électro-pneumatique a fait aujourd'hui son chemin. Le problème est résolu; les faits sont acquis; le succès est incontestable; et les hommes les plus recommandables et les plus autorisés dans le monde des sciences et de la musique l'ont admiré signé et encouragé. (*Voir les appréciations diverses et procès-verbaux d'expertises.*)

Ajouterai-je que les centaines d'organistes, venus à la dernière Exposition (1889) de tous les points de la France et de l'Europe, ont joué ces orgues avec empressement et avec bonheur. Et tous, d'accord en cela avec nos artistes parisiens, ont constaté « la grande facilité des nouveaux instruments et les ressources considérables qu'on y trouve ». Les orgues de Saint-Nizier, à Lyon; de Sainte-Clotilde, Saint-Jacques du Haut-Pas, de Notre-Dame, à Paris; de Saint-Vincent de Paul, à Marseille, etc., etc., sont là pour l'attester.

C'est ce travail de restauration et de transformation de l'orgue de chœur de Notre-Dame que la Commission d'expertise, nommée par Son Éminence et par MM. Merklin et Ce, avait à examiner. Il lui fallait étudier l'instrument au double point de vue du mécanisme et de l'harmonie.

Cette commission, composée d'artistes éminents et de savants distingués, s'est réunie, le vendredi 6 juin 1890, à trois heures de l'après-midi, dans l'une des sacristies de la métropole. Ont été élus : M. Wolf, de l'Académie des sciences, président, et M. l'abbé Geispitz, maître de chapelle, secrétaire rapporteur.

Le vote terminé, la commission s'est transportée dans le chœur pour assister aux différentes auditions et passer à l'examen de l'instrument. Plusieurs de MM. les Membres du Chapitre métropolitain étaient présents.

Ces différentes auditions ont permis à MM. les experts de reconnaître la magnifique sonorité de l'instrument, le parfait accord de chaque jeu isolément et de tous les jeux pris dans leur ensemble, la variété des timbres, le caractère particulier de chacun des jeux, l'égalité de toutes les notes d'un même jeu ; et tous ont constaté que la réunion de tous ces éléments faisait de cet orgue un instrument modèle, « un des plus parfaits et des mieux réussis » qui aient été construits jusqu'à ce jour par la maison Merklin.

Nos félicitations bien sincères aux artistes distingués qui, dans diverses pièces, plus savantes les unes que les autres, ont si bien fait ressortir les beautés intérieures de l'instrument. MM. Sergent, Franck et Dallier nous ont donné à tous une preuve nouvelle de leur remarquable talent et de leur science profonde de l'orgue.

M. le Président de la Commission a donné ensuite lecture du devis et du contrat passés entre Son Eminence et la Fabrique de Notre-Dame et MM. Merklin et Ce.

Puis, on a procédé à l'examen de la partie mécanique : les claviers, les registres, les pédales d'accouplements et d'expressions, les boutons de combinaisons, etc. Tous ont été unanimes à reconnaître que chacune de ces parties fonctionnait avec une très grande facilité, avec une étonnante rapidité et avec une sûreté d'effet vraiment remarquable.

Ils ont admiré surtout l'ingénieuse combinaison des boutons électriques dans le groupement des jeux qu'ils appellent, et qui sont d'un grande ressource pour l'accompagnement, dont la force doit toujours être mesurée au nombre et au développement des voix.

L'attention des experts a été particulièrement attirée sur le nouveau système des registres. Ce système, pour lequel la maison Merklin et Ce a pris un brevet, est en effet d'un fonctionnement sûr et rapide ; car, il supprime les coulisses en bois entre la chappe et la table, coulisses subissant toujours les variations de la température. De plus, ce nouveau système a le grand avantage de n'exiger que très peu de vent passant par un tube de quelques centimètres.

Les experts ont constaté que la soufflerie est abondante et bien étanche. Grâce au réservoir régulateur, l'alimentation des jeux se fait avec une parfaite régularité et sans aucune secousse ni aucune altération.

De cet examen aussi minutieux qu'impartial, tous ont conclu : Que les conventions passées avaient été scrupuleusement respectées; que le travail de restauration et de transformation, aussi bien dans son ensemble que dans ses détails, avait été consciencieusement exécuté, et que l'orgue avait été reconstruit d'une façon savante, intelligente, et, en tous points, conforme aux règles de l'art.

Des éloges, d'ailleurs bien légitimes, ont été adressés à MM. Merklin et C⁰. Le monde religieux et artistique leur doivent un titre nouveau de reconnaissance comme les initiateurs et les vulgarisateurs de cet admirable progrès.

Nous sommes heureux d'ajouter que la presse religieuse et musicale a rendu à la maison Merklin et Cᵉ le même témoignage de gratitude et d'admiration.

Nos remerciements donc bien respectueux et bien sincères à Son Eminence le Cardinal Richard, à MM. les Membres du Chapitre métropolitain et du Conseil de Fabrique de la métropole.

L'orgue de chœur de Notre-Dame de Paris a désormais sa place parmi les plus beaux instruments de la musique religieuse. C'est un organe de plus en faveur du système électro-pneumatique; organe d'autant plus sérieux et d'autant plus puissant, que Notre-Dame est l'église mère de la capitale et de la France.

En foi de quoi, Nous, Membres de la Commission d'expertise ci-dessus désignés, avons signé le présent rapport.

Fait à Paris, ce 28 juin 1890.

ONT SIGNÉ :

MM. L'abbé BERGÈS, Chanoine titulaire, archiprêtre de Notre-Dame.
L'abbé DE BONNIOT, Chanoine titulaire, maître de chant.

MM. WOLF, Président.
J. CARPENTIER.
CÉSAR FRANCK.
SAMUEL ROUSSEAU.
SERGENT.
GODINEZ.
MANGEOT.

MM. le Général PARMENTIER.
RAULINE.
DALLIER.
L'abbé DELAAGE.
SALMON DE MAISON-ROUGE.
WINTZWEILLER.

Le Secrétaire-Rapporteur :
L'Abbé C. GEISPITZ.

Après essai, en dehors de la séance officielle de réception de l'orgue de chœur de Notre-Dame de Paris, j'approuve volontiers le présent rapport.

Eugène GIGOUT,
Organiste de Saint-Augustin, Directeur fondateur de l'Institut d'orgue,
Membre du collège des organistes de Londres,
Membre de la commission de réception des orgues de la ville de Paris,
Officier de l'Instruction publique,
Commandeur d'Isabelle la Catholique, etc.

Ont signé, avec les experts, Messieurs les Membres du Chapitre Métropolitain, présents :

MM. DE L'ESCAILLE, Proton. apostolique,
SÉGUIN,
DE BERTRAND DE BEUVRON,
DRACH,
ROSSIGNOL,
} Chanoines titulaires de Notre-Dame.

F. BRETTES,
DURUTTE,
BAJOU,
} Chanoines prébendés de Notre-Dame.

M. CARON, *vicaire général, archidiacre de Notre-Dame.*

Lu et Approuvé :
† **FRANÇOIS, CARDINAL RICHARD**, Archevêque de Paris.

LETTRE ADRESSÉE PAR M. AMBROISE THOMAS

A

MM. MERKLIN ET CIE

APRÈS LA RÉCEPTION
DE L'ORGUE DE CHŒUR DE NOTRE-DAME DE PARIS

Paris, le 19 juillet 1890.

N'ayant pu, à mon très grand regret, me rendre à la Commission d'expertise de l'orgue de chœur de Notre-Dame, je suis venu aujourd'hui voir et examiner l'instrument.

Je connaissais déjà les orgues électriques de la maison Merklin et Ce; et, à la dernière Exposition, j'étais heureux de donner à ces habiles facteurs un témoignage de satisfaction pour le progrès réel qu'ils faisaient faire à la facture moderne et française.

Ce témoignage, je le renouvelle aujourd'hui après avoir constaté la sûreté du mécanisme, la belle sonorité de cet orgue, la variété et l'harmonie de ses timbres; et je me joins aux artistes éminents et aux savants distingués qui ont signé le rapport ci-joint.

AMBROISE THOMAS,
Directeur du Conservatoire national de Musique de Paris,
Grand Officier de la Légion d'honneur,
Officier de l'Instruction publique.

LETTRE ADRESSÉE PAR M. THÉODORE DUBOIS

A

MM. MERKLIN ET CIE

AU SUJET

DE L'ORGUE DE CHŒUR DE NOTRE-DAME DE PARIS

Rosnay, 14 août 1890.

Cher Monsieur Merklin,

Excusez-moi. Des absences de Paris et diverses préoccupations m'ont un peu fait perdre de vue jusqu'à présent mon désir de vous exprimer tout le plaisir que j'ai eu à jouer l'orgue de chœur de Notre-Dame de Paris.

La sonorité de cet instrument est bien fondue, bien homogène dans son ensemble, et les jeux de détail sont d'une jolie qualité.

Il me paraît devoir remplir admirablement le but auquel il est destiné.

Avec mes félicitations, veuillez agréer, cher Monsieur Merklin, l'assurance de mes sentiments très distingués.

TH. DUBOIS,
Grand Prix de Rome, Chevalier de la Légion d'honneur,
Officier de l'Instruction publique,
Professeur d'harmonie au Conservatoire de Paris,
Inspecteur des Conservatoires, Organiste de la Madeleine.

www.ingramcontent.com/pod-product-compliance
Lightning Source LLC
Chambersburg PA
CBHW060916050426
42453CB00010B/1763